A RAIVA NÃO EDUCA.

A calma educa.

MAYA EIGENMANN

astral
cultural

Copyright © 2022 Maya Eigenmann
Todos os direitos reservados à Astral Cultural e protegidos pela Lei 9.610, de 19.2.1998. É proibida a reprodução total ou parcial sem a expressa anuência da editora. Este livro foi revisado segundo o Novo Acordo Ortográfico da Língua Portuguesa.

Editora Natália Ortega
Produção editorial Esther Ferreira, Jaqueline Lopes, Renan Oliveira e Tâmizi Ribeiro
Capa Agência MOV
Ilustrações de miolo Bruna Andrade
Foto da autora Flávia Laurentino

Dados Internacionais de Catalogação na Publicação (CIP)
Angélica Ilacqua CRB-8/7057

E35r   Eigenmann, Maya
         A raiva não educa : A calma educa / Maya Eigenmann. — Bauru, SP : Astral Cultural, 2022.
         176 p. : il.

         ISBN 978-65-5566-264-1

         1. Autoajuda 2. Crianças – Formação 3. Parentalidade 4. Educação de crianças 5. Psicologia infantil I. Título

22-4116   CDD 158.1

Índices para catálogo sistemáticos:
1. Autoajuda

BAURU
Rua Joaquim Anacleto Bueno 1-42
Jardim Contorno
CEP 17047-281
Telefone: (14) 3879-3877

SÃO PAULO
Rua Augusta, 101
Sala 1812, 18º andar
Consolação
CEP 01305-000
Telefone: (11) 3048-2900

E-mail: contato@astralcultural.com.br

Para Luca e Nina,
minhas estrelas-guia.

Prefácio

Eu fui criada com raiva. Não sem amor, mas com violência e raiva. Com desespero, eu diria. Acho que é isso que nós, adultos, sentimos, quando nossos filhos não fazem o que eles "têm" que fazer. Um certo desespero que nos tira da calma e nos enche de raiva.

Hoje, consigo entender e perdoar minha mãe, mas, mesmo assim, foi esse o único exemplo de mãe que tive, foi isso que eu aprendi. Está impresso no meu DNA.

Quando virei mãe, como muitas tantas pessoas, fiz um pacto comigo. Decidi que não seria igual a ela, que a fórmula usada comigo não servia para mim, e eu queria educar, construir um relacionamento com a minha filha que não fosse estruturado na raiva, mas sim na empatia, no amor. Queria ser uma mãe "amorosa".

Não foi tão fácil assim... e, obviamente, me vi repetindo as fórmulas aprendidas. Depois me sentia terrivelmente culpada e voltava a tentar de novo educar só com "amor", mesmo sem saber muito bem o que isso queria dizer.

Lembro-me de pessoas muito queridas falando para mim "ela não te obedece" ou "nossa, você não manda nela", e eu pensava que tinha de existir uma forma que não se estruturasse na obediência, e sim no respeito. Mas o respeito só existe se é de ambos os lados.

Foi na busca de outras formas que conheci a Maya e a educação respeitosa. A primeira coisa que aprendi é que a mudança começa definitivamente na gente, e não nos pequenos. Parece meio óbvio, mas não é bem assim. Para mudar, às vezes, é necessário entender o que foi que aprendemos, e o que aprendemos não necessariamente é possível de ser lembrado por meio de fatos, datas ou símbolos. Muitas vezes, está tão dentro das nossas entranhas, tão soterrado e escuro, que não é tão fácil enxergar.

A raiva vem das nossas dores, e nossas dores vêm de muitos lugares. Como uma boa argentina, carrego muitos anos de terapia, mesmo assim, o trabalho é contínuo, árduo e confuso.

Posso abrir muitos restaurantes, gravar muitos programas de TV e me desafiar como empresária e empreendedora em todas as áreas, mas a maternidade vai ser sempre, de todas, a mais difícil.

A senha do computador onde escrevo estas palavras é "A calma educa", mesma frase que tenho tatuada no meu braço direito. A frase é da Maya, de um momento em que a dor de perder a calma era tão grande, que eu senti que precisava tatuar na pele esse mantra.

"Não é a raiva que educa, é a calma que educa."

Consigo estar sempre calma? Obviamente que não. Consigo colocar em prática todas as ferramentas que vou aprendendo a todo momento? Definitivamente não. Continuo sentindo raiva? Sim, muitas vezes.

Mas o mantra está aí, na pele, no desejo, nas vontades, na dor. Também está presente e se reafirma nas vezes em que consigo reverter uma situação que poderia terminar em um drama, com calma e com empatia.

São essas pequenas conquistas, mas é também a aceitação da dúvida do "fracasso" e também do "erro" que vou construindo minha maternidade. Às vezes com muita dor, e com grandes conquistas em outras.

Neste livro, Maya fala com palavras claras, que fazem sentido, como se ela estivesse sentada na sua frente, tomando uma xícara de café, segurando na sua mão, te ouvindo sem julgamentos, e falando: "eu te entendo, deixa te contar uma coisa...".

Por Paola Carosella,
chef de cozinha, empresária
e mãe da Fran

Sumário

Apresentação — 15
Capítulo 1 - O que é educação positiva? — 31
Capítulo 2 - Seres humanos em desenvolvimento — 39
Capítulo 3 - Adultismo — 49
Capítulo 4 - Obediência *versus* respeito — 59
Capítulo 5 - A criança e o mau comportamento — 73
Capítulo 6 - Limites — 97
Capítulo 7 - Acolhimento — 111
Capítulo 8 - O que é violência? — 133
Capítulo 9 - Autenticidade e apego — 143
Capítulo 10 - Trauma — 153
Capítulo 11 - Quem cuida do adulto? — 163
Conclusão — 171
Bibliografia — 173

Apresentação

Este livro não é mais um livro sobre como fazer crianças ou adolescentes se comportarem bem por meio de técnicas, passo a passo ou ferramentas. Temos a ideia de que o resultado de uma boa educação seja percebido pelo comportamento das crianças. Estou aqui para mostrar o contrário: o resultado se vê pelo comportamento dos adultos.

Então, este livro é pra você, querido adulto, para que se torne um humano melhor para suas crianças e adolescentes. Convido você a se abrir para o que vai ler nas próximas páginas.

A necessidade de escrever este livro surgiu da minha experiência atendendo famílias e falando com um amplo público na internet, o qual sempre me buscava para melhorar o comportamento das crianças. No começo da minha transição para a educação positiva, eu pensava o mesmo: preciso de ferramentas para fazer minhas crianças se comportarem melhor.

Hoje em dia, alguns anos depois de ter tido meu primeiro contato com a educação positiva, sei que não tem nada a ver com as crianças, e tudo a ver com os adultos. Então, este livro é uma tentativa minha de poupá-lo de alguns anos de aprendizado, porque, provavelmente, em algum momento no futuro, você chegaria à mesma conclusão.

Muitos anos atrás, fiz um juramento a mim mesma: jamais repetiria com os meus filhos o que havia acontecido na minha infância. Quando me tornei mãe, em 2015, quebrei esse juramento inúmeras vezes. Na verdade, na maioria das vezes, fazia exatamente o que havia acontecido na minha infância. Não tinha a mínima ideia do que era respeitar meus filhos. Sendo bem sincera, não sabia nem mesmo o que significava respeitar a mim mesma.

Em 2017, após o nascimento da minha segunda filha, entrei em uma das piores fases da minha vida. Amamentando de madrugada, meu nível de tolerância e paciência se resumiu a zero. Como eu passava o dia sozinha com as crianças, já que meu marido trabalhava fora de casa, não tinha a quem recorrer na hora do estresse.

Era eu e eu mesma, convivendo com duas crianças pequenas e um estoque zerado de paciência. Eu me sentia um lixo. Tinha convicção de que era a pior mãe do mundo. Lembro-me de como enviava áudios intermináveis para o meu marido, porque ele era a única pessoa para a qual tinha coragem de admitir quão fracassada eu me sentia. Foram meses assim.

Um dia, do nada, apareceu um *post* no meu Instagram. Alguma coisa sobre educação positiva.

Na mesma hora, percebi que havia encontrado um caminho alternativo ao que eu vinha fazendo na criação dos meus filhos. Sou pedagoga por formação e sempre fui autodidata, então mergulhei nesse universo com a sede de alguém que há meses perambulava em um deserto seco e árido. Senti esperança. Agora, sim, eu poderia fazer diferente.

Conforme fui me aprofundando, comecei a perceber que todo esse conhecimento que estava adquirindo era bom demais para deixar guardado só para mim. Por isso, em maio de 2019, comecei meu canal no YouTube e, um mês depois, fiz minha primeira postagem no meu perfil do Instagram, na época chamado Mãelabarismo – hoje o perfil tem meu próprio nome (@maya_eigenmann).

Propagar a educação positiva é o que escolhi fazer. Embora eu seja pedagoga e tenha também cursado dois anos de psicologia na Alemanha, o que compartilho hoje em dia pouco é discutido no meio acadêmico.

Ainda há uma resistência da sociedade em olhar para a criança como um humano de igual valor ao dos adultos. São dois pesos e duas medidas. Bater em adultos é crime, bater em mulheres é crime, maltratar idosos é crime. Bater em crianças até é crime, mas não é condenado pela sociedade.

Apesar de a criança ser a mais vulnerável na relação, e o adulto ser maior e mais forte, isso não é usado a favor da criança – é usado a favor do adulto para domar a criança.

A educação positiva nunca foi instintiva ou natural para mim. Ainda hoje há momentos que não o é. Às vezes, sinto um cansaço imenso no fim do dia porque é um esforço físico e mental que faço para conseguir me manter respeitosa na relação com meus filhos.

Quando olho pra minha trajetória desde que conheci a educação positiva, sei que evoluí. Também sei que é um processo que vou levar comigo minha vida inteira. Aprender a ser positiva na relação com meus filhos desencadeou uma revolução interna dentro de mim. Comecei a me aprofundar no autoconhecimento, e a verdade é que nem sempre o que descubro sobre mim e minha história me agrada. Ainda assim, prefiro sentir o incômodo e a dor de desenterrar quem eu realmente fui e sou do que permanecer na inércia da ignorância, do não saber. A busca pela verdade é o que me move.

Neste livro, quero acompanhar você em um processo de desconstrução, porque sei que para praticar a educação positiva não basta apenas querer. É mais profundo do que isso. Muitas vezes, entendemos a lógica por trás de um conceito, mas emocionalmente não conseguimos internalizá-lo. Isso acontece porque ainda existem alguns nós emocionais que precisam ser desatados antes.

Aprofundar-se na educação positiva pode ser um processo bastante doloroso, porque às vezes nos deparamos com quão desrespeitosos temos sido com as nossas crianças. No começo, lembro-me de como o senso de culpa me atormentava quando eu estava me aprofundando na educação positiva. Sentia um imenso medo de ter perdido definitivamente a chance de construir uma boa relação com minhas crianças.

Também começamos a perceber as falácias da educação que nós recebemos na nossa infância. Não é fácil nomear o abandono emocional que vivenciamos. Pode ser conflituoso perceber que houve, sim, violência (e ao longo do livro vamos desmistificar o real significado de violência, porque, hoje em dia, ela ainda é muito naturalizada em vários aspectos). Por mais intenso e difícil que esse processo seja, é um caminho que precisamos percorrer para alcançar a consciência.

Virada de chave

O intuito deste livro é "virar chaves". É mostrar perspectivas que o farão enxergar, de um novo lugar, a criança e a sua relação com ela. Em *A República*, o filósofo grego Platão traz a analogia do Mito da Caverna. Quando ainda estamos na caverna, ou seja, em um estado inconsciente, enxergamos uma aparência de uma pseudorrealidade. Quando saímos da caverna, ou seja, quando nos conscientizamos, começamos a enxergar a realidade como ela é. Se ao longo da nossa vida assumimos que essa aparência era a realidade, pode ser um choque quando, ao nos conscientizarmos, percebermos que essa aparência estava longe de ser real.

Na nossa vida, essa analogia pode ser aplicada assim: vamos supor que você tem tendência a querer estar no controle da situação. Talvez você não lide bem com os próprios erros e tenha uma autoexigência de ser perfeito em tudo o que faz. Em um estado inconsciente, ainda na caverna, você pode se apegar à ideia de que simplesmente é assim e pronto. Mas essa é só a aparência, não a verdade. Ao aprofundar-se na educação positiva, você descobre que essa ilusão de controle é, na verdade, um mecanismo de proteção diante de situações vividas na infância, como, por exemplo, adultos que não toleravam seus erros e exigiam de você excelência em tudo. Quando você errava, era castigado, seja com broncas, sermões, castigos físicos ou até um distanciamento, um "gelo", por parte dos cuidadores.

Para se proteger dessa crítica e da perda de apego com os seus adultos cuidadores, você desenvolveu esse mecanismo de proteção: preciso ser perfeito e excelente no que faço para manter a conexão e a aprovação dos meus adultos cuidadores. Como faço para evitar perder essa conexão e aprovação? Controlando os passos que dou a fim de não cometer erros. Inconscientemente, você aprendeu que, quando as pessoas e as situações estão sob o seu controle, você diminui o risco de críticas. Isso lhe traz uma sensação de segurança.

Ao se conscientizar desse mecanismo de sobrevivência, você percebe que precisou desenvolvê-lo para se proteger de críticas que recebia das pessoas que mais amava. Essa percepção pode ser dolorosa, porque, enquanto ainda estava na "caverna", você supunha que sempre foi assim, aparentemente. Ao sair da caverna, conscientizando-se, você percebe que essa aparência é uma ilusão. A verdade é que você teve que se proteger de críticas ainda quando pequeno.

O ponto aqui não é acusar ou apontar o dedo para nossos pais ou adultos cuidadores. Eles fizeram o que puderam, dentro do conhecimento que tinham, dentro do contexto e sistema em que estavam inseridos. Entretanto, para que possamos sair do estado de aparência para o estado da verdade, precisamos reconhecer e nomear o que ocorreu conosco na nossa infância.

Nova oportunidade

Vivemos em uma era ímpar. Temos acesso a uma vasta gama de informação. Nem sempre isso é algo positivo, mas se soubermos filtrar, podemos aprender coisas incríveis, inclusive sobre educação. Ao cuidarmos da nossa história e das nossas dores, estamos quebrando um ciclo de violência instalado na sociedade há milhares de anos. Estamos trabalhando duro em nós, como humanos, para libertar a nós mesmos desse sistema. O mais bonito é que ao fazer isso, libertamos também nossos antepassados e nossos descendentes.

Ao longo do tempo que venho trabalhando com educação positiva, sempre surgem as seguintes perguntas: "E quando a criança já é maior, até mesmo adolescente, ainda dá tempo? Ainda é possível começar um novo capítulo seguindo o caminho da educação positiva"?

A resposta, ainda bem, é: sim, sempre há tempo de investir na educação positiva. Nosso cérebro é neuroplástico, o que significa que ele está se adaptando constantemente ao meio no qual está inserido. Ou seja, se o meio em que ele está muda, o cérebro muda também. Isso ocorre porque o nosso cérebro é um órgão social, que, quanto mais ele se adapta ao seu contexto, melhores são as chances de sobrevivência.

Claro que a transição pode levar um certo tempo, porque se nós educamos de uma certa maneira por anos, será necessário investir tempo e esforço para criar novas conexões neurais no cérebro da criança e do adolescente.

Meu filho mais velho só teve a mim como mãe adepta da educação positiva depois dos quatro anos, ou seja, depois dos primeiros mil dias de vida (que inclui os nove meses de gestação e os primeiros dois anos), nos quais os fundamentos de um ser humano são formados. Em tese, perdi essa janela.

O que precisei aprender foi que minha tarefa não seria de passar uma borracha por cima de tudo o que eu havia feito até então. Meu desafio era reconstruir a relação e a confiança do meu filho em mim a partir do momento presente.

O que me ajudou a entender melhor esse processo de recomeço foi a arte japonesa chamada Kintsugi. Trata-se de uma técnica centenária que consiste em reparar peças feitas de cerâmica utilizando a seiva de uma árvore japonesa, misturada com ouro em pó. Kintsugi significa "reparo com ouro".

É exatamente isso que vamos fazer quando não tivermos tido a oportunidade de praticar a educação positiva com nossas crianças desde o dia de seu nascimento: vamos pegar os pedaços partidos dessa confiança que foi quebrada, vamos juntá-los de novo e embelezaremos as nossas marcas com ouro, para lembrarmos de que um dia decidimos querer fazer diferente. Porque o que estamos fazendo agora é bonito e não pode ser esquecido. O meu convite para você é: vamos juntos iniciar esta revolução?

O QUE É EDUCAÇÃO POSITIVA?

"Um dia seu filho cometerá um erro ou fará uma má escolha e correrá 'para você' em vez de 'de você'. E nesse dia você perceberá o imenso valor da parentalidade pacífica, positiva e respeitosa."
L. R. Knost

Existem diversos nomes para o mesmo conceito, como educação consciente, educação saudável e educação positiva. Mas a ideia central que rege a educação positiva é de que em uma relação existente entre um adulto e uma criança, ambos têm igual valor. Sendo assim, nessa perspectiva, o adulto leva em consideração que a criança depende dele e que, por isso, coloca-se à disposição dela, fazendo uso de sua própria experiência de vida e também de suas plenas capacidades para poder cuidar e educar a criança, respeitando sua total integridade.

Esse conceito ainda é pouco conhecido e pouco vivenciado na sociedade atual. A criança, no geral, quase não tem lugar de fala.

Esperamos que as crianças respeitem os adultos e chamamos isso de obediência, sendo que, na verdade, o que de fato esperamos delas é submissão.

É esperado que a criança coloque suas próprias necessidades sempre abaixo desse "respeito". Os "maus" comportamentos da criança são vistos como uma afronta a esse conceito de obediência e, por isso, os adultos acreditam que eles precisam ser erradicados da criança, pois, caso contrário, ela se tornará uma péssima pessoa e trará vergonha para seus pais.

A ideia de erradicar o lado mau da criança não é algo recente. Nos séculos 19 e 20, conforme relata a autora alemã Katharina Rutschky em seu livro *Schwarze Pädagogik* (em tradução livre *Pedagogia Nebulosa*), os livros de pedagogia na Europa ensinavam que a criança nasce suscetível ao mal e às maleficências dos demônios. Esse mal, que se manifesta de variadas formas – como a "manha", o choro "excessivo", a sensibilidade e as birras –, precisaria ser arrancado o mais cedo possível da alma da criança. Acreditava-se que bebês precisariam ser expostos ao frio e ao calor extremo para se tornarem mais "resilientes".

Se o amor da mãe era "excessivo", isso influenciaria negativamente na formação do caráter da criança, e os pedagogos da época chegaram a denominar esse amor de *Affenliebe* – que, literalmente, significa "amor de macacos" –, sendo, assim, uma forma de menosprezar esse amor e rebaixá-lo, como sendo inferior à raça humana. Esse tipo de amor era visto como primitivo.

O choro precisava ser reprimido, a raiva, controlada. A criança precisaria ser educada por seus pais para ser alegre, agradecida e irredutivelmente religiosa. O pensamento que regia era: "crianças precisam ser gratas aos pais por não as abandonarem ou as deixarem esfomear".

Embora hoje em dia não achemos mais que uma birra seja uma manifestação demoníaca, ainda acreditamos que a origem dos comportamentos desafiadores é má, tanto é que no geral os chamamos de maus comportamentos. Há muitos outros resquícios dessa educação nebulosa na nossa sociedade. Quantos de nós ouvimos a frase: "Engole esse choro" ou "Você não tem que querer nada, não"? Ou ainda se uma criança sente ciúme ou inveja, a repreendemos por isso, porque achamos que são sentimentos ruins e que não deveriam ser sentidos.

As repressões emocional e físicas vêm sendo transmitidas de geração em geração. Ainda bem que hoje, com a ciência, podemos desbancar essas práticas nocivas e educar crianças para que tenham mais saúde emocional e sejam livres para sentir.

Às vezes, me perguntam o que se ganha por aderir à educação positiva. Embora existam inúmeros benefícios já comprovados cientificamente, minha resposta é sempre: a educação positiva não é para melhorar as crianças. É para melhorar os adultos.

O resultado de uma educação positiva não se vê necessariamente pelo comportamento da criança. Ela se vê pelo comportamento do adulto.

SERES HUMANOS EM DESENVOLVIMENTO

"Educar respeitosamente não significa que não temos desafios. Significa que estamos praticando reagir aos desafios
sem causar danos."
Lelia Schott

Apesar de ser óbvio, é preciso frisar que nossas crianças e adolescentes não têm cérebros completamente maduros ainda. E esse aspecto influencia diretamente seus comportamentos e também sua visão de mundo.

A espécie humana é a espécie entre os animais cuja infância é a mais longa de todas. Enquanto um filhote de gato aprende a andar com poucas semanas após seu nascimento, nossas crianças levam cerca de um ano ou até mais para conseguir alcançar tal marco. Da mesma forma, um cachorro com dez anos de vida já pode ser considerado idoso para sua espécie, enquanto uma criança com apenas dez anos ainda nem chegou a entrar na adolescência.

Em termos evolutivos, existe uma explicação bastante simples para a duração da infância em nossa espécie precisar ser tão longa: nós, humanos, precisamos vivenciar muitas experiências e experimentarmos diversas oportunidades de errar e acertar, a fim de que tenhamos mais chances de sobreviver.

Ao conquistarmos um vasto repertório de experiências em nossas vidas, podemos sempre criar associações com elas quando estivermos diante de novas situações e, com essas informações, nos organizamos melhor sobre que decisão tomar diante delas.

Se você já observou uma criança de um ano, por exemplo, terá notado que ela gosta de repetição. Ela pode querer tentar e tentar várias vezes encaixar aquela mesma peça em um brinquedo. O cérebro precisa dessa repetição para se apropriar daquela experiência e transformá-la em um novo conhecimento.

A infância é desenhada para errar. Infelizmente, o que nós fazemos é punir as crianças por seus erros, sendo que elas estão ali fazendo exatamente o que deveriam fazer por natureza.

Em termos neurológicos, os autores e pesquisadores Dan Siegel e Tina Bryson explicam que o cérebro só está completamente maduro por volta dos 25 anos. São 25 anos para aprender, errar e acertar muito. Demorar tanto tempo para amadurecer é um privilégio de se ter um cérebro tão evoluído, mas o problema é que nós, adultos, temos, às vezes, expectativas irreais sobre como crianças deveriam se comportar. Tentamos controlar comportamentos imaturos, que são neurologicamente adequados à idade, devido ao incômodo que sentimos diante deles.

Um exemplo disso são as manifestações de fortes emoções, como a frustração. Quando uma criança faz uma birra, ela está transbordando suas emoções. Justamente por ela ainda não ter as habilidades emocionais para lidar com esses sentimentos é que ela chora, grita, se debate. A emoção é tão forte nesse pequeno corpo que fica insuportável, insustentável para o cérebro da criança. Ela não se comporta assim porque quer nos fazer sentir mal, mas porque ela está se sentindo mal. Birras são um pedido de ajuda (no capítulo 5, dediquei um trecho apenas para birras, justamente por ser uma situação conflituosa em quase todas as famílias).

O cérebro de uma criança está em um intenso processo de desenvolvimento, mas nem todas as regiões começam a amadurecer na mesma época. O neurocientista Paul MacLean dividiu o cérebro humano em três partes (cérebro trino), seguindo a ordem de amadurecimento. A primeira delas, o cérebro reptiliano, desenvolve-se ainda no útero e é responsável por funções básicas de sobrevivência como respiração, digestão, alimentação, choro e sono. A segunda parte que se desenvolve nos humanos é o cérebro límbico (também chamado de cérebro mamífero), que começa a amadurecer após o nascimento e é a sede das emoções. Essa região será formada pelas experiências sociais que a criança viverá com outras pessoas, principalmente com seus principais cuidadores nos primeiros anos de vida.

Já a terceira parte do cérebro, o neocórtex, começa a amadurecer por volta dos três anos e é a parte do cérebro que nos diferencia de todas as outras espécies. Essa região é responsável, dentre outras funções, pela habilidade de se acalmar, de se regular, de analisar, de planejar. Ou seja, crianças menores de três anos não têm ainda, literalmente, os neurônios para conseguirem se acalmar sem ajuda, por exemplo. No capítulo 7, **Acolhimento**, vamos aprofundar como podemos apoiá-las nesse processo de regulação emocional.

Como percebemos, a criança e o adolescente não têm cérebros completamente maduros ainda, mas nós adultos, sim. Por isso, eles precisam do nosso apoio e da nossa ajuda. Esse é nosso principal papel.

A questão é que muitas vezes nós, adultos, criamos expectativas irreais sobre eles e os castigamos quando não as cumprem. Em outras palavras: nós os castigamos por não terem maturidade ainda, e fazemos isso por causa do nosso adultismo. Vamos compreender esse conceito no próximo capítulo.

ADULTISMO

"Quando estiver em dúvida sobre como reagir ao comportamento da criança, lembre-se de como se sente ao ser tratado por alguém que você admira."

Lelia Schott

Quando um adulto usa sua condição de ser mais velho, mais forte e mais experiente na relação para coagir uma criança à obediência e à submissão, isso é chamado de adultismo. Usar castigos, punições, reforços positivos ou negativos e palmadas são práticas adultistas e violentas. Como se a criança precisasse de provas de que somos, mesmo, mais fortes e maiores do que elas.

Eu, adulto, apesar de ter um o cérebro maduro na relação, não uso toda a inteligência que tenho, e recorro a recursos primitivos como o medo e a ameaça para subjugar a criança, que ainda não tem um cérebro totalmente maduro, como se ela fosse uma ameaça para mim. Como nós adultos somos frágeis, não?

O que precisamos fazer, entretanto, é exatamente o oposto: usar nossa experiência de vida, nossas plenas capacidades psicológicas, nossa vasta gama de recursos emocionais, nossa força e nosso tamanho para ajudar, apoiar e guiar a criança.

Não é a criança que precisa facilitar a vida do adulto. É o adulto que precisa facilitar a vida da criança. Afinal, qual dos dois tem o cérebro maduro da relação?

Infelizmente, o adultismo ainda é forte em nossa sociedade, e esperamos que as crianças sejam quietas, obedientes e que não deem trabalho. Ao mesmo tempo, esperamos que as mesmas crianças se tornem adultos que opinem, que saibam se posicionar, que sejam resilientes e conquistem seus sonhos. A conta não fecha.

Para começarmos a mudar a relação com nossas crianças e educá-las com saúde, precisamos mudar nossa mentalidade e sair do adultismo. Há duas perguntas que podemos nos fazer para averiguar se estamos sendo adultistas com a criança:

1) Eu faria isso com um amigo ou parceiro?

2) Como eu me sentiria se outro adulto me tratasse da mesma forma que estou tratando a criança?

Vamos aplicar esses questionamentos:

- Se eu caio e me machuco, como eu me sentiria se alguém chegasse para mim e me dissesse para eu levantar logo, afirmando que "não é nada não"?

- Se eu derrubasse um copo de suco na mesa, eu me sentiria bem em levar uma bronca do meu parceiro?

- Como eu me sentiria se me obrigassem a beijar outro adulto que eu não queira beijar?

Essas três situações ocorrem continuamente com as crianças. Elas são desconsideradas quando se machucam e o adulto decide por si só se vale a pena dar atenção ou não ao machucado; levam bronca quando derrubam um copo (isso porque elas ainda estão desenvolvendo suas habilidades motoras) e são forçadas a darem beijos e abraços em outros adultos, mesmo quando elas não se sentem à vontade para fazê-lo. E, quando não o fazem, são consideradas mal-educadas. Uma clara manifestação do adultismo: dois pesos, duas medidas.

Existem contextos em que precisaremos, sim, agir pela segurança da criança (como quando ela quer atravessar a rua correndo) e, nesses casos, será necessário segurá-la contra sua vontade para protegê-la de um acidente. Entretanto, é importante que se explique à criança o porquê da nossa reação, esclarecendo que nosso interesse é o de proteger.

Perceba que o ponto de partida não é submeter a criança à obediência, mas sim preservar sua saúde e integridade.

No geral, é fundamental levarmos em consideração as perguntas citadas anteriormente para refletirmos sobre nossas decisões para com a criança, como seus adultos cuidadores. Afinal, elas não têm como se defender das nossas decisões e estão em uma posição de vulnerabilidade e dependência em relação a nós. Não podemos nos aproveitar disso para nosso próprio benefício só porque isso nos dá menos trabalho ou nos deixa mais confortáveis.

OBEDIÊNCIA *VERSUS* RESPEITO

"Não percebemos os pedidos de atenção
e amor dos nossos filhos porque estamos
ocupados demais tentando
fazê-los nos obedecer."
Jesper Juul

> **Obediência:** substantivo que define a ação de quem obedece, de quem é dócil ou submisso. Uma pessoa que segue, cumpre ou cede às vontades ou às ordens de alguém.
>
> **Respeito:** sentimento que impede uma pessoa de tratar mal alguém ou de agir com falta de consideração na maneira como se comporta com os outros; estima, afeição, consideração.

A educação positiva tem como base desenvolver uma relação de respeito, e não de obediência, dos adultos com suas crianças. A obediência existe quando há submissão. O respeito existe quando há confiança.

A espécie humana é programada para se conectar, pois o nosso cérebro é um órgão social. Humanos garantem a sobrevivência da espécie graças à habilidade social de pertencer, de amar e de se conectar. Afinal, a conexão faz os humanos se juntarem em grupo, pois a chance de sobrevivência é maior. Esse comportamento é típico de outras espécies mamíferas também.

Bebês nascem com o instinto de conexão com seus cuidadores e pertencimento a eles, e os cuidadores são como que enfeitiçados pelo cheiro irresistível do recém-nascido, assim como por suas feições desproporcionalmente fofas. Tudo sobre o bebê o torna irresistível para seus cuidadores e o motivo para tal situação é, na verdade, a sobrevivência da nossa espécie.

Esse pertencimento natural é o fundamento primário para se construir uma relação de verdadeiro respeito. Infelizmente, o conceito da obediência veio para deturpar essa relação, porque, para que exista obediência, o adulto precisa necessariamente estar acima da criança. E se o adulto está acima da criança, já não é mais uma relação de igual valor. É uma relação em que um se empodera do outro.

Alguns podem se perguntar: "Mas, afinal, não somos nós responsáveis por educar a criança? Isso significa que eu preciso dizer a ela o que é certo e o que é errado!"?

Sim, nós precisamos educar a criança. Seria irresponsável da nossa parte não o fazer. A boa notícia é que não precisamos que ela nos obedeça para conseguirmos isso. Não precisamos submetê-la a nós para que se torne um cidadão que pratica o bem, que saiba conviver em sociedade e que, além de tudo, consiga ser feliz.

Vamos entender melhor a diferença que existe entre os conceitos obediência e respeito. Para isso, vou usar a seguinte analogia: imagine que você esteja dirigindo. Logo à sua frente, você visualiza uma placa que estabelece o limite de velocidade a 60 km/h. Você entende que deve andar a essa velocidade, mas essa compreensão pode ter duas motivações diferentes. Talvez você decida obedecer à placa e dirigir na aceleração indicada por ela porque tem receio de receber uma multa caso não o faça. Dessa forma, o que move essa decisão é o receio da consequência, e você decide ajustar-se à exigência para evitá-la. Ou então você decide respeitar a placa por entender que, ao ultrapassar a velocidade estipulada, estará potencialmente colocando em perigo a sua vida e a vida de outros condutores e pedestres. O que move essa decisão é a responsabilidade.

Na educação positiva, queremos educar com respeito mútuo para desenvolver na criança não o medo e, em sua consequência, a obediência; queremos promover a responsabilidade. No entanto, não é possível mandar alguém ser ou agir de forma responsável, porque esse sentimento vem de dentro pra fora. Mas é absolutamente possível mandar alguém ser obediente, porque esse comportamento vem de fora para dentro.

No sistema da obediência, há necessariamente uma pessoa que manda e outra que acata. É um sistema adultista, afinal, em relações adultas, seja de amizade ou mesmo de trabalho, não engolimos qualquer comando que venha de outra pessoa. Sim, cumprimos regras e exigências, mas também entendemos o porquê de fazermos o que estamos fazendo. Temos consciência de nossos comportamentos.

Então, como tornamos nossas crianças responsáveis e colaborativas? Conquistando o respeito delas. Quando provamos diariamente para nossas crianças que somos dignas de seu respeito, elas se entregarão a essa relação sem receio e reservas. Enquanto a criança não se sentir conectada com o adulto, não há motivos para ela seguir a sua condução.

Algumas pessoas questionam, dizendo que o mundo é feito de regras e que as crianças precisam aprender, desde pequenas, a obedecer para se adaptarem ao mundo. A isso, eu respondo: criemos crianças com senso de responsabilidade, para que estas saibam quais regras respeitarem e contra quais regras se oporem.

Não podemos querer construir uma sociedade em que só aceitamos comandos, sem questionar. Isso se chama totalitarismo, e nossa história está repleta de exemplos terríveis desse sistema.

Em uma relação de obediência, não há espaço para questionamento. A criança aprende às duras penas que é obrigada a aceitar os comandos a ela impostos, mesmo contra sua vontade, e que na maioria das vezes, ela não tem voz. Aprende a colocar as necessidades de seus cuidadores acima de suas próprias necessidades, assim como os sentimentos e desejos.

Até hoje, quantos adultos ainda se sentem crianças diante de seus pais, com medo de questionar ou discordar da opinião deles? Já são adultos crescidos, maduros, que até sabem se posicionar em outros relacionamentos que possuem, mas se tremem por dentro quando é necessário fazê-lo com os próprios pais. Inclusive, talvez acabam nem fazendo, porque assim é menos doloroso.

Dessa forma, passar por cima de si mesmo se torna mais suportável do que discordar dos próprios pais. Essa é uma das consequências geradas na relação adultista e totalitária da educação aplicada por meio da obediência.

Criar uma criança para que ela respeite, e não que obedeça, é um trabalho a longo prazo. Precisamos investir tempo para construir essa relação de verdadeira confiança. Por experiência própria, preciso dizer que às vezes pode ser uma experiência espantosa, embora eu saiba que sempre decidiria percorrer esse mesmo caminho outras mil vezes. Mas o fato de, na maioria das vezes, não termos sido criados por meio da educação positiva, nos deixa inseguros quando estamos diante de uma criança verdadeiramente livre. Será que essa criança que está nos questionando, está também nos desrespeitando? Onde fica o limite entre respeito e desrespeito? Como faço para não cair no adultismo, mas também educar crianças que saibam respeitar todos os seres humanos?

Por que temos todos esses questionamentos? Porque, no fundo, nem nós sabemos o que é respeito de verdade. E por que não o sabemos? Porque não o recebemos.

Então, como daremos o que não recebemos? Aprendendo o que é e internalizando-o, a fim de que se torne nosso. Ou seja: precisaremos aprender o que é respeito para que possamos ser respeitosos na relação com nossas crianças.

Respeito é, por exemplo, entender que uma criança de dois anos não tem condições de ficar sentada quieta por vários minutos em uma fila de espera e, portanto, não exigir isso dela. É entender que eu, adulto cuidador, preciso ajudar essa criança com brincadeiras, por exemplo, para que aguente esperar, porque ela ainda não consegue fazer isso naturalmente por questões neurológicas. Em outras palavras: eu respeito essa criança ao não exigir que ela faça algo que ainda não tem competência para fazer.

Respeito é, também, entender que não posso colocar as minhas necessidades acima da criança pelo simples fato de eu ser responsável por ela (isso não significa que a criança poderá fazer tudo o que quer, até porque seria irresponsável permitir isso – aprofundaremos isto no capítulo 6, **Limites**).

Um exemplo é quando um adulto exige que a criança pare de chorar porque o choro o incomoda. Nesse caso, o adulto colocou a sua necessidade (de não ser incomodado) acima da necessidade da criança (de precisar colocar sua tristeza para fora). Na verdade, não existe argumento algum que justifique dizermos para a criança que ela não deve chorar.

Respeito é jamais usar o poder que eu tenho na relação, sendo adulto, mais forte e mais experiente, para coagir a criança e obrigá-la a me obedecer. Inclusive, se pensarmos bem, nós, adultos, nos colocamos em um lugar de muita imaturidade por acharmos que temos de provar para a criança que somos maiores e mais fortes do que elas. Quão frágeis somos se precisamos comprovar isso para nossas crianças?

Respeitar uma criança é não praticar violência contra ela. O problema é que ainda relativizamos muito a violência. Alguns adultos dizem que palmadas não são a mesma coisa que espancamento, e a verdade é que ambos são, sim, abusos físicos. Achamos que deixar uma criança sozinha, sentada em uma cadeirinha em algum canto da sala para pensar é razoável, afinal não estamos batendo. Mas a criança, ao ser colocada sozinha para ter que lidar com a tempestade emocional que está sentindo, está sendo desamparada por seus adultos cuidadores, e isso também é violência.

5

A CRIANÇA E O MAU COMPORTAMENTO

"De onde tiramos a absurda ideia de que para fazer uma criança se comportar melhor, temos que fazê-la sentir-se pior primeiro?"
Jane Nelsen

O termo "mau" comportamento está baseado na pedagogia nebulosa. Como relatei anteriormente, nos séculos 19 e 20, os comportamentos desafiadores eram interpretados como manifestações "da carne", portanto, precisariam ser extinguidos da criança para que ela crescesse sendo benévola, caritativa e até mansa. Então, o "mau" comportamento era visto como sendo algo, de fato, mau. Demoníaco, até. Era algo que precisava ser dominado na criança, exterminado, nulificado para garantir a salvação da alma.

Embora hoje não interpretemos os comportamentos desafiadores das crianças como manifestações diabólicas, muitos adultos ainda consideram esses comportamentos como sendo algo de origem maliciosa e manipuladora, e que precisa ser endireitado pelo seu cuidador. A impressão que tenho, inclusive, é que muitos adultos olham para crianças como se estas fossem adultos com más intenções em seus comportamentos.

A neurociência vem comprovando cada vez mais que os comportamentos desafiadores têm forte relação com o processo de amadurecimento da criança; nada tem a ver com origens dissimuladas. Um ponto de partida para construir uma visão mais positiva sobre comportamentos desafiadores é diferenciar duas coisas: comportamento e sentimento.

O comportamento é o que geralmente nos incomoda. É o que vemos e ouvimos. É a superfície, e para que possamos realmente ajudar a criança, precisamos aprender a olhar para a profundidade. O sentimento, por sua vez, é latente. Não está escancarado para nós e, muitas vezes, nem conseguimos decifrá-lo.

A criança e o mau comportamento | 77

O comportamento desafiador é só a camada superior.
Por baixo há um sentimento que precisa ser acolhido.

Imagine que você esteja caminhando e, de repente, caia e quebre sua perna. Você vai sentir muita dor. Agora, imagine que um médico lhe desse apenas um analgésico. Isso aliviaria o incômodo, mas o problema em si (a perna quebrada) não estaria resolvido. O analgésico cuidaria do sintoma (a dor) e não da fratura. Da mesma forma que a perna quebrada causa dor, o sentimento machucado causa comportamentos desafiadores.

Por trás de todo comportamento desafiador, há um sentimento que precisa ser cuidado. Isso significa que, para realmente cuidar do choro ou de uma birra, por exemplo, precisamos entender o que está por trás disso.

Nenhuma manifestação emocional emitida pelas crianças é à toa, sempre há um motivo. Podem ser necessidades fisiológicas, fome ou sono, assim como demandas emocionais, como necessidade de conexão ou a de acolhimento.

Para conseguir detectar qual a necessidade por trás do comportamento desafiador, precisamos nos transformar em detetives curiosos. Para ter uma relação de verdadeira conexão com nossas crianças, não é suficiente permanecer na superfície.

Resumindo, o sentimento ou a necessidade não atendida da criança é o que causa o comportamento desafiador. Ao contrário do que se pensava, o comportamento desafiador não é movido por más intenções ou manipulação. Assim, não faz sentido punir uma criança por comportamentos desafiadores, pois são somente um sintoma e não causa. Enquanto não olho para a causa, não conseguirei lidar com os comportamentos de forma construtiva e positiva.

A cadeirinha do pensamento é uma prática punitiva ainda muito utilizada por ser considerada razoável por muitos adultos. Quero mostrar aqui o porquê de ela ser uma ferramenta nociva para o desenvolvimento da criança.

No capítulo 2, aprendemos sobre como o cérebro ainda em desenvolvimento da criança necessita de corregulação para conseguir se acalmar porque, em termos neurológicos, ela não tem a estrutura encefálica para conseguir se tranquilizar sem ajuda. Nesse contexto, fica claro que a cadeirinha do pensamento é uma prática extremamente negativa e não traz nenhum aprendizado benéfico.

Nesse contexto, a criança, que se comportou "mal" aos olhos dos adultos, é levada a uma cadeirinha para ficar isolada e "pensar" sobre o que ela fez. Algumas pessoas até sugerem que a criança fique sentada pela quantidade de minutos de acordo com sua idade (um ano, um minuto; dois anos, dois minutos; e assim por diante).

A criança é obrigada a ficar afastada justamente das únicas pessoas que poderiam atender à sua necessidade não atendida. Agora, a criança está com duas necessidades não atendidas: a que causou o comportamento desafiador e a falta de acolhimento emocional por parte dos adultos cuidadores.

Ignorar a criança ou dar "gelo" também são formas de violência invisível, seguindo o mesmo raciocínio da cadeirinha do pensamento. Existe a ideia errônea de que ao ignorá-la, desestimularemos o "mau" comportamento, mas se entendermos que esses comportamentos são, na verdade, uma forma de a criança comunicar que está com uma necessidade não atendida, perceberemos que se temos a intenção de desestimular esse comportamento, o que estamos causando, na verdade, é grave e violento: a sensação na criança de que o que ela sente não tem valor e ela não tem com quem contar.

Algumas coisas que a criança aprende ao ser castigada e punida são que, quando ela não se comporta da forma como os adultos esperam, ela perde a conexão com eles; que da próxima vez é melhor ela dar um jeito de fazer escondido, assim não será castigada; e que as necessidades dela não são importantes.

Para estabelecermos uma relação de confiança e de respeito verdadeiro com as crianças, não podemos puni-las pelo que elas manifestam na relação conosco com tanta honestidade. Precisamos acolher toda manifestação emocional que elas apresentem (no capítulo 6, vou explicar como colocamos limites sem cair na permissividade, que é diferente de acolher).

Precisamos desenvolver uma observação apurada e investigativa para decifrar o que está por trás do comportamento da criança. Vou contar uma experiência pessoal para exemplificar: faltavam poucos dias para nossa mudança da Inglaterra para o Brasil, em agosto de 2021. Uma das minhas crianças havia me pedido uma banana para lanchar.

A banana estava um pouco verde, e a casca, difícil de tirar, então usei uma faca pra cortar a ponta e conseguir descascá-la. A minha criança ficou indignada com isso. "Eu não queria que você cortasse o toquinho da banana", ela disse aos prantos. Até então, ela nunca havia se importado com o jeito que eu descascava a banana. Então, suspeitei imediatamente que o que estava rolando, na verdade, pouco ou nada tinha a ver com a banana. Tinha a ver com emoções indigestas precisando sair. Afinal, já eram dias com tensão no ar com nossa mudança para o Brasil, e as crianças sentem tudo. Então, o que a minha criança precisava naquele momento não era o toquinho da banana. Ela precisava de acolhimento para soltar essa pressão interna.

– Você está chateada com a banana, meu amor?

E ela desabou a chorar ainda mais. Peguei-a no colo e eu não disse mais nada. Criei um espaço emocionalmente seguro para ela expressar o que precisava naquele momento. Afinal, o sentimento é a própria cura. E, como sempre acontece, depois de algum tempo, o choro cessou naturalmente conforme a pressão que estava no corpinho dela foi saindo.

– Mãe, tô com fome.

– Vamos comer a banana, amor?

–Sim.

Nesse relato, a minha criança tinha quatro anos. Ela sentia que havia uma tensão no ar, que os pais estavam menos disponíveis por causa da mudança e isso foi se acumulando dentro dela. O incrível é que o cérebro tem mecanismos maravilhosos que nos ajudam a soltar a pressão interna que estamos sentindo. Naquele momento, o cérebro da minha criança encontrou uma brecha para colocar para fora tudo o que vinha acumulando há tantos dias. Nessa situação, nada mais resolveria se não oferecer acolhimento, que no caso dessa minha criança, vem em forma de colo, abraço e choro livre. Assim que ela colocou todo esse sentimento para fora, quando toda a pressão saiu, ela se sentiu melhor.

Olhando o ocorrido de forma superficial, poderíamos interpretá-lo como manha ou frescura, mas, com o olhar atento de um detetive emocional, conseguimos descobrir que a banana era só uma "desculpa". O verdadeiro incômodo estava dentro, não fora.

Decifrar o que está por trás do comportamento vem com o tempo e com a prática. Não é diferente de como acontece em relações adultas. Quando conhecemos alguém muito bem, só pelo jeito que essa pessoa diz "alô" durante uma ligação, já sabemos como ela está.

A maior ferramenta disponível nessa busca pelo código a ser decifrado é a própria relação que temos com as nossas crianças. Quanto melhor conheço minha criança, melhor consigo supor o que pode estar por trás do que ela está manifestando. O problema é que muitos de nós não vivenciaram esse nível de intimidade com os próprios pais na infância, então, à princípio, não sabemos o que esperar ou o que observar. Quanto mais aprofundarmos nossa relação com nossas crianças, mais as conheceremos.

O mais incrível é que vamos aprendendo a nos conhecer mais também. É como se aprendêssemos um novo idioma que não praticamos somente com nossas crianças, mas conosco também.

Você poderá aprender a decifrar melhor o que está sentindo diante do comportamento de outra pessoa. Poderá aprender a reconhecer melhor os seus próprios gatilhos. Com essa informação, poderá começar a indagar sobre a origem desses gatilhos. Ao observar e conhecer mais nossas crianças, faremos o mesmo com nossas crianças interiores.

Birras

De todas as dúvidas que recebo, as birras são, sem dúvida, as mais frequentes entre os cuidadores, por isso decidi separar uma parte do livro para falar somente sobre isso.

Birras são manifestações que deixam muitos adultos de cabelo em pé e geralmente são comportamentos muito malvistos, principalmente por causa dos resquícios da pedagogia nebulosa. Como a birra é muitas vezes acompanhada pelo choro, por gritos e até agressão, torna-se um dos comportamentos mais desafiadores de se lidar.

Antes de mais nada, precisamos quebrar uma crença limitante sobre birras: elas não fazem parte exclusivamente do universo infantil. Todos os humanos fazem birras.

Quando um adulto tem uma discussão com seu parceiro e fica o dia todo batendo armário, porta e gavetas de forma passivo-agressiva, é uma birra.

Quando um adulto entra em uma discussão que vai se escalando, com agressões verbais sem fim, é uma birra.

Quando percebemos que as birras não são somente comportamentos concentrados durante a infância, e que todos estamos sujeitos a birras eventuais, começamos a expressar mais empatia pelas nossas crianças. Afinal, não somos tão diferentes delas assim. Claro que nós não nos jogamos no chão se nosso parceiro deixa a toalha molhada em cima da cama, mas isso se deve unicamente ao fato de termos um cérebro mais maduro do que as crianças. Ou seja: temos a vantagem do tempo, de ter amadurecido. Nada além disso.

Uma criança pequena não consegue se segurar de se jogar no chão durante uma birra porque ela ainda não tem o cérebro maduro. Não é por maldade, manipulação ou qualquer outro mecanismo maquiavélico que a pedagogia nebulosa quer nos fazer acreditar.

Como já mencionei no capítulo 2, nosso cérebro se desenvolve em três etapas (cérebro trino). A região responsável pela habilidade de se acalmar é o córtex pré-frontal e ela só começa a amadurecer a partir dos três a quatro anos de idade.

Isso significa que crianças menores de três anos, literalmente, não têm essa região cerebral à disposição para conseguirem se regular sozinhas. Elas não têm como recorrer a uma região do cérebro para se acalmarem porque elas simplesmente ainda não a têm. Em crianças com mais de três anos, a região já está começando a amadurecer, mas isso não significa que elas já terão maturidade suficiente para manejarem suas emoções sem o apoio de adultos. Aprender a se regular de uma birra é um aprendizado que passa, necessariamente, pela interação entre o adulto cuidador e a criança (no capítulo 7, **Acolhimento**, explicarei mais a fundo como esse aprendizado se dá pela repetição entre a situação estressante e o acolhimento do adulto cuidador).

Voltando às birras: em termos neurológicos, o que acontece durante uma birra é a ativação do sistema cerebral de sobrevivência, ou seja, a amígdala (que tem esse nome por se parecer com as amídalas da garganta). A criança se sente fortemente frustrada, e o cérebro dela registra isso como uma possível ameaça.

Precisamos levar em conta que a criança não tem ainda as habilidades emocionais para se autorregular ou para conseguir avaliar se a situação em que se encontra é de fato uma ameaça ou não. Isso significa que ela pode reagir com intensa frustração às mais variadas situações que, para os adultos, não são ameaça alguma, mas para a criança, cujo cérebro ainda está em amadurecimento, são extremamente desafiadoras.

Quando o cérebro humano se sente sob ameaça (e enfatizo aqui que não é só o cérebro da criança, e sim o cérebro de adultos também), acontece um mecanismo importante: o neocórtex se "desliga" para que a amígdala entre em ação para garantir a sobrevivência. Para ilustrar melhor, imagine esta cena: você está caminhando em um parque e de repente surge à sua frente algo parecido com uma cobra. O que faz você dar um pulo para trás antes mesmo de avaliar se aquilo é de fato uma cobra ou não, é a amígdala. Depois do pulo, você olha com mais cuidado e reconhece que, na verdade, é uma mangueira que o jardineiro está usando para poder molhar as plantas. O importante aqui é que o nosso cérebro preza pela nossa vida, e usar o neocórtex para ficar analisando se algo é de fato perigoso ou não, nos deixaria com escassas chances de sobrevivência. Na face do perigo, quanto mais rápida a reação de fuga ou luta, melhores as chances de sobrevivência.

Na birra, acontece esse mesmo mecanismo. O neocórtex dá espaço para a amígdala. A criança é tomada pelo instinto de luta ou fuga, o que explica as mais variadas reações durante as birras das crianças. Algumas gritam e chutam, outras choram copiosamente. A questão é que, nesse momento, a criança está com o corpinho inundado pelos hormônios do estresse (acionados pelo alerta da amígdala). É aqui que muitos adultos se perdem na condução.

Na hora em que a criança está no meio da birra, não é hora de tentar acessar a parte lógica do cérebro dela, porque ele está, de fato, inacessível nesse momento. A ciência é clara: o que uma criança mais precisa durante uma birra é de um adulto acolhedor que tenha paciência e disponibilidade emocional para transmitir segurança a essa criança (GERHARDT, 2015).

O problema é que os adultos tendem a sentir tanto desconforto diante da birra (em parte por ser mesmo barulhenta e em parte por ainda acreditarmos na pedagogia nebulosa), que o que tendem a fazer é querer controlar, convencer ou então calar a criança. Essas conduções podem até fazer com que ela pare com a birra, mas a um preço muito alto para seu corpinho, que continua jogando hormônios do estresse em seu sistema e em seu psicológico.

Agora vamos voltar à neurologia para compreender como um humano se acalma depois de sentir uma forte onda de estresse. O nosso sistema nervoso autônomo tem dois componentes necessários nesse processo: o sistema nervoso simpático e o sistema nervoso parassimpático.

O sistema nervoso simpático é o responsável pela ação e é acionado pela amígdala. É por meio dele que os batimentos cardíacos são acelerados e os músculos são acionados para reagir diante de um perigo. Já o sistema nervoso parassimpático é tipo um "freio". Ele cuida de mecanismos de preservação, como digestão e cicatrização, e ativa a acetilcolina, que desacelera o coração, relaxa os músculos e normaliza a respiração.

Para que qualquer humano volte à tranquilidade, o sistema nervoso parassimpático precisa ser reativado. Quando isso ocorre? Quando a pessoa se percebe em segurança novamente. Aí o sistema nervoso parassimpático começa a frear os efeitos do sistema nervoso simpático. Como fazemos para transmitir segurança para uma criança na hora da birra? A segurança pode ser transmitida em nosso rosto, nossa voz, nosso corpo e nosso estado interno (neurônios espelho).

O que gera muitas dúvidas é como devemos acolher as birras. A resposta está bem à nossa frente: a própria criança nos comunica isso, seja de forma verbal ou não verbal. Se você se abaixa para falar com uma criança que está frustrada e ela lhe empurra, significa que ela não quer muita aproximação nesse momento e precisa de um pouco de espaço. Ao contrário, se ela pede colo, então claramente necessita de toque físico para conseguir se regular. Se ela tampa os ouvidos enquanto você fala, a criança está comunicando que nesse momento ela não quer ouvir mais, então está na hora de se silenciar.

Precisamos observar nossas crianças e acolhê-las da maneira que elas desejam e precisam ser acolhidas.

LIMITES

"A meta é que a criança se sinta acolhida, até que compreenda. E não que sinta medo, até que obedeça."
Lelia Schott

Algo que deixa alguns adultos confusos sobre a educação positiva é a questão dos limites. Educação positiva significa deixar a criança fazer só o que ela quer? Não. Isso seria irresponsável por parte do adulto, afinal, a criança não tem habilidades emocionais e cognitivas o suficiente para cuidar de si. O nome disso é permissividade, que é o contrário do autoritarismo, um modelo parental em que a criança não tem voz alguma.

O que se propõe na educação positiva é um caminho do meio: os adultos, que têm mais experiência de vida e uma vasta gama de habilidades emocionais e cognitivas, cuidam da criança, colocando limites quando necessário, mas sempre levando em consideração que a criança é um ser humano de igual valor ao do adulto. Dentro da educação positiva, o limite não deve ser colocado a partir do adultismo, como uma forma de punir a criança.

Para ilustrar melhor, quero dar dois exemplos para percebermos a diferença entre um limite adultista e um limite com base na educação positiva. Imagine esta cena: uma criança ou um adolescente quer ficar mexendo no celular à mesa, na hora da refeição. Entretanto, na família existe um combinado sobre o não uso de celulares à mesa.

O limite adultista pode soar assim: "desligue o celular agora. Se você não desligar, vou tirar esse telefone, e você vai ficar sem poder mexer até amanhã depois da aula". Nesse cenário, o adulto usa de seu *status* na relação para obrigar a criança ou o adolescente a ceder e obedecer ao comando. Afinal, se não o fizer, ele será prejudicado com a proibição de mexer no celular.

Já na educação positiva o limite, entretanto, pode soar assim: "Eu entendo que deve ter algo muito interessante que esteja passando no seu celular nesse momento. Mas agora estamos todos sentados à mesa, então é hora de desligá-lo. Todos nós desligamos o celular para podermos estar juntos. Vamos olhar um para o outro agora, curtir um ao outro. Quero curtir você também".

Em ambos os casos, estamos colocando limites na criança. A diferença entre as situações está no ponto de partida. No limite adultista, o adulto coage. Já no limite com base na educação positiva, o adulto convida. Nesse momento, entramos em um ponto-chave, no qual nós, adultos, às vezes nos perdemos. Não é porque colocamos um limite de forma respeitosa que a criança ou mesmo o adolescente vai gostar de recebê-lo.

Com frequência ouço: "eu falei com a minha criança com muita gentileza e, mesmo assim, o limite não funcionou!". Se a intenção em falar com gentileza com a sua criança ainda é fazê-la obedecer, o ponto de partida continua sendo adultista. Em outras palavras: sou gentil para ganhar algo em troca. Como já lemos antes: o resultado de uma boa educação não se vê necessariamente pelo comportamento da criança. Ele se vê pelo comportamento do adulto. O que muda nessa cena de colocar limite é que nós, adultos, permanecemos respeitosos com a criança, independentemente de como ela reage.

A nossa maior dificuldade com limites não está em colocá-los, e sim em sustentá-los, especialmente diante da reação da criança. O que geralmente ocorre é que o adulto coloca um limite, e a criança não o aceita. É o "não aceitar" que deixa os adultos frustrados. Mas de onde tiramos a ideia de que ela deveria aceitar serenamente e de bom grado os limites que colocamos? O problema, então, não está no fato de a criança não aceitar o limite. Está na dificuldade do adulto em aceitar que a criança o contrarie.

Vamos nos aprofundar mais nessa ideia com a seguinte cena: a criança que fica frustrada na hora de desligar a televisão. Como podemos manter o limite nessa situação, diante da reação frustrada da criança?

Primeiro, precisamos entender que o limite que se deseja estabelecer precisa ser conversado e combinado previamente com a criança. No caso do exemplo citado acima, podemos dizer algo como: "filho, precisamos conversar sobre o tempo que você passa assistindo à televisão. Sei que você adora assistir a esse desenho, e é mesmo muito divertido. O que acontece é que assistir muito à televisão deixa nosso cérebro agitadão. Na verdade, não é saudável para o cérebro passar tanto tempo diante da televisão, e como sei que às vezes é muito difícil conseguir se segurar para poder parar de assistir, eu quero ajudar você. Vamos combinar um tempo para que assista à televisão por dia e, quando estiver na hora de desligar, ajudo você a se lembrar disso?".

Esse é só um possível exemplo de uma condução e serve para ampliar a reflexão do leitor. Não é para ser um guia ou um passo a passo. Lembre-se: não estamos adestrando, estamos educando e nos relacionando com humanos, cujos cérebros ainda estão em amadurecimento.

Quando chegar a hora de desligar a televisão, podemos dar alguns poucos avisos prévios para a criança, mas o mais importante é se preparar para sustentar a reação da criança quando chegar a hora de desligar.

– Filho, agora está na hora de desligar.

– Mas eu não quero!

– Eu imagino mesmo, amor. Você gosta mesmo de assistir à TV, e quando gostamos de algo, queremos mais e mais daquilo. Eu entendo. Mas nós combinamos que este é o tempo adequado para você assistir. Agora precisamos desligar.

A criança pode ou não aceitar esse limite, e esse é o momento em que surge muita confusão entre os adultos, pois existe a ideia errônea de que, por se colocar limites de forma gentil, a criança deveria não reclamar e desligar logo a televisão.

Mas o propósito da educação positiva não é o de manipular a criança. O propósito é de saber conduzir a criança, respeitando todas as suas manifestações emocionais, e ainda assim conseguir manter o limite necessário. Em termos práticos, isso significa que a criança poderá, sim, expressar sua insatisfação e sua indignação, e o adulto respeitará essa manifestação, entendendo que a criança ainda tem um cérebro em amadurecimento e ela não é obrigada a gostar dos limites colocados pelo adulto. Aliás, obrigar a criança a aceitar o limite sem reclamar seria uma manifestação adultista.

O pensamento do adulto deveria ser: "vejo que a minha criança tem esse forte desejo de continuar assistindo à televisão, o que faz todo sentido, porque ela adora assistir. Eu também não gostaria de ter que parar de fazer algo de que eu gosto, então sinto empatia pela criança. Ainda assim, preciso ajudá-la com esse limite, porque sei que assistir à televisão por muito tempo é prejudicial para o desenvolvimento dela, e meu papel é cuidar da saúde dela.

Então, acolho a reação de indignação da minha criança ao mesmo tempo que mantenho o limite".

Por que é tão difícil colocar limites de forma saudável? Porque muitos se sentem afrontados pela reação da criança. Temos a expectativa de que a criança não deveria reclamar, achar ruim ou chorar. Pensamos que "não é para tanto", mas esquecemos que a criança não tem a experiência de vida e as habilidades emocionais que nós adultos temos. Ficamos incomodados em ter que lidar com a reação, às vezes, estrondosa da criança.

Analisando a situação mais a fundo, percebemos, inclusive, quão frágeis somos nós, adultos, por ficarmos inconformados com a reação de uma criança. Quão imatura é a nossa reação de querer disputar o poder com uma criança? Quão frágeis somos nós em pensar que a criança poderia nos subjugar? No fim, são dois humanos fazendo birra: a criança que está frustrada com o limite, e o adulto que está frustrado com a criança frustrada.

O que nós, adultos, precisamos entender é que a criança tem todo o direito de sentir tudo, de expressar tudo, e que o nosso papel não é passar por cima do que ela sente ou querer limitar as suas reações.

Isso significa que colocaremos os limites necessários para ajudar a criança, aceitando também a reação que vem em consequência disso. Esse processo de o adulto cuidador se colocar disponível emocionalmente para amparar o que a criança está sentindo, respeitando todas as suas manifestações e reações possíveis diante do limite estabelecido, chama-se acolhimento. Vamos aprofundar esse conceito no próximo capítulo.

ACOLHIMENTO

"Somos todos pais imperfeitos. E tudo bem, pois nossos filhos não precisam de perfeição, e sim de conexão."
L. R. Knost

Imagine esta cena: seu parceiro ou sua parceira chega em casa depois de um longo dia e conta que passou por uma situação desagradável no trabalho, na qual um colaborador lhe foi desrespeitoso ou arrogante.

O que ele (ela) espera de você não é que ligue no trabalho para resolver o problema dele (a). Toda aquela indignação que ele (ela) está sentindo precisa ser colocada para fora para que, dessa forma, consiga refletir com mais clareza. Vocês podem até pensar em como lidar com o problema juntos, mas o que ele (ela) mais precisa naquele momento é do seu ouvido atento, da sua empatia e da sua disponibilidade emocional. O nome disso é acolhimento.

Esse desabafar que vimos nessa cena também ocorre com nossas crianças. A diferença é que os adultos têm mais recursos emocionais e geralmente conseguem expressar suas angústias de forma mais clara e objetiva.

As crianças manifestarão esses desabafos com comportamentos desafiadores, como choro ou birra, e o que elas precisam, antes de qualquer coisa, antes mesmo de ajudá-las a resolver o problema em questão, é de acolhimento.

O que ocorre normalmente é que os adultos pensam que primeiro precisam resolver o problema da criança para que, consequentemente, ela se acalme. A não ser que a criança esteja em uma situação de perigo, o nosso trabalho primordial é acolher o que ela está sentindo e depois ajudar a encontrar uma solução.

O que fez o adulto na cena anterior se acalmar não foi o(a) parceiro(a) ligando no trabalho e resolvendo o problema. O que o acalmou foi o acolhimento recebido. Deixar a pessoa colocar todas as suas angústias para fora. Aí sim, com um cérebro mais regulado, todos conseguem pensar melhor o que fazer diante do problema.

Essa corregulação perdura até que a criança ou então o adolescente tenha maturidade o suficiente para conseguir regular-se sozinho, mas estudos comprovam que, quanto mais os adultos cuidadores ajudem a criança nesse processo de corregulação, mais cedo ela aprende a se regular sozinha também (GILLESPIE, 2015).

Outro estudo indica que uma criança prontamente corregulada pelos seus adultos cuidadores tem mais chances de obter sucesso acadêmico e mesmo social, até chegar à fase adulta (RABY *et al*, 2015). Uma criança que aprende a regular-se sozinha é uma criança que aprendeu, por meio da corregulação de adultos, que emoções fortes vêm e vão.

É nesta repetição de "frustração seguida por acolhimento" que a criança cria uma base de confiança em seus adultos cuidadores e em sua própria capacidade de se regular emocionalmente, quando ela tiver maturidade para isso.

Com essas informações em mãos, podemos começar a ter expectativas mais alinhadas em relação ao comportamento de crianças, principalmente as menores. Quando percebermos uma forte emoção em erupção, saberemos que a criança precisa da nossa ajuda e disponibilidade para conseguir se acalmar de novo. Assim, fica claro, mais uma vez, que práticas como cadeirinha do pensamento, gritos e demais punições não fazem nenhum sentido, pelo contrário: só deixam a criança isolada para lidar com a tempestade emocional que ela está enfrentando, sem ferramenta alguma para conseguir fazê-lo.

Se hoje muitos adultos não conseguem se regular bem sozinhos, é porque não receberam o acolhimento de que precisaram em forma de corregulação quando pequenos (no capítulo 11, falaremos sobre o adulto na relação, e o que podemos fazer quando não recebemos acolhimento e respeito em nossa infância).

Um ponto que quero ressaltar aqui: o acolhimento não serve como uma ferramenta para fazer a criança se acalmar mais rápido (embora seja isso o que geralmente acontece quando conseguimos acolher genuinamente as emoções dela). É importante destacar mais uma vez: usar uma abordagem para ganhar algo em troca por parte da criança é adultismo. Devemos acolher a criança gratuita e genuinamente.

O acolhimento serve para que a criança possa manifestar toda a sua indignação e para que ela saiba que, seja qual for a manifestação emocional dela (choro, birra, agressão etc.), nós continuamos disponíveis para ela e a ajudaremos a navegar por aquela tempestade emocional. É essa certeza que queremos que a criança tenha de nós e é essa a certeza que fará com que ela cresça com imunidade emocional (GERHARDT, 2015).

O pensamento do adulto deve ser: "Manda ver, criança. Eu dou conta do recado. Dou conta de sustentar você nessa explosão emocional, e isso não me afasta de você. Estou aqui para apoiá-la nesse momento e vou ajudar você a lidar com isso, seja qual for o desafio que esteja enfrentando".

É claro que nem sempre conseguimos não nos abalar com a reação da criança. Às vezes, acabamos por nos deixar levar pela tempestade delas. O que precisamos analisar é como funciona a nossa relação com a criança no geral. Essa criança é acolhida? No geral, ela é vista e respeitada?

Acolhimento reforça os comportamentos desafiadores?

Existe uma grande insegurança por parte de algumas pessoas sobre praticar o acolhimento, por haver o receio de deixar a criança "mimada" ao fazê-lo.

Como foi possível observar no capítulo 5, **A criança e o mau comportamento**, os comportamentos desafiadores são, na verdade, manifestações de necessidades não atendidas. São pedidos de ajuda e não pedidos manipulativos. A criança que faz uma birra não a faz para conseguir algo – esse é um julgamento comum distorcido por parte dos adultos. Ela faz a birra porque se sente profundamente frustrada por algo que não ocorreu da maneira que ela desejava.

Quando acolhemos a criança, acomodamos os sentimentos dela, não necessariamente os comportamentos. Isso significa que a criança tem toda a liberdade de ficar chateada por não ganhar o picolé antes do almoço, e que nós acolhemos a frustração que ela sente e, ainda assim, não damos o picolé. Contudo, a decisão de não dar o picolé não é tomada como retribuição negativa pela forma que ela se comporta (isso seria desrespeitoso), mas por entendermos que ela precisa primeiro se nutrir adequadamente para depois tomar o picolé (esse é só um mero exemplo ilustrativo, não precisa necessariamente ser a regra na sua casa).

A indignação que a criança manifesta não é porque ela está tentando nos manipular para que lhe entreguemos o picolé, mas é porque ela o quer muito e está manifestando isso.

Se o comportamento não é manipulativo
(para ganhar algo), então não é possível
mimar a criança ao acolher. Porque,
ao acolher, estamos atendendo
à necessidade emocional dela
(que é de colocar para fora
a frustração).

Agora, se os adultos dão o picolé quando a criança faz a birra, ela aprende que essa é a condição para que ela consiga o que deseja. Em vez de aprender a pedir com calma, ela aprende a pedir com veemência. Nesse caso, precisamos entender que não é que a criança se tornou manipuladora. Foram os adultos que lhe ensinaram a usar esse tipo de comunicação.

O que devemos fazer, então, se a criança foi induzida a esse ciclo de comportamento? Os adultos precisam, primeiramente, reconhecer sua responsabilidade nesse processo e assumir sua obrigação a partir dali.

O próximo passo é compreender que, se a criança aprendeu a se comportar assim por indução das atitudes dos adultos, ela não vai desaprender isso da noite para o dia. Então, quando a criança se frustrar fortemente ao receber um limite, os adultos precisarão aprender a sustentar internamente o desconforto diante da reação da criança.

Os adultos precisarão desenvolver uma "resistência" ao próprio desconforto de ver a criança se manifestar fortemente. Lembre-se: não é sobre o picolé. É sobre permitir que a criança coloque para fora tudo o que ela sente. E, enquanto ela manifesta tudo isso, nós precisamos tentar ser a calmaria naquela tempestade emocional.

Na minha experiência pessoal e no que pude perceber nos atendimentos que faço, tenho notado uma semelhança na reação das crianças quando são genuinamente acolhidas. Quando conseguem colocar para fora toda a frustração que se acumulou dentro delas, dão um profundo suspiro e mudam de assunto como se nada tivesse acontecido. É como se tudo o que a estava incomodando tivesse finalmente saído, e não há mais motivo para ocupar-se com aquilo.

Claro que cada criança é diferente uma da outra, e jamais podemos supor que todas reajam da mesma forma, mas, caso você tenha notado esta forma súbita de transformação depois de ter acolhido genuinamente a sua criança, pode ser um sinal de que ela se esvaziou da pressão que sentia e que está, agora, aliviada e com o cérebro integrado novamente.

É um sinal, inclusive, de que a criança está muito mais preparada neurologicamente para pensar em uma solução ou para poder conversar sobre algum comportamento inadequado. Essa é a fundamentação da minha frase "A raiva não educa, a calma educa".

Na hora em que estamos alterados, nós não conseguimos ensinar, nem a criança consegue aprender. Não é sobre reprimir a raiva, é sobre reconhecer a própria limitação e perceber que existe um momento mais apropriado, e até mesmo estratégico, para conseguirmos educar. Um adulto e uma criança que estejam com cérebro integrado e calmo conseguem dialogar. Essa, sim, é a hora certa de educar.

As frustrações trazem muito do nosso adultismo à tona. Queremos que a criança não demonstre a sua raiva, porque isso nos incomoda. Desejamos que a criança pare de chorar, porque nós não temos a paciência de lidar com isso.

Ao fazermos isso, nós, adultos, colocamos as nossas necessidades acima das necessidades da criança, justo ela, que ainda tem um cérebro em amadurecimento, precisa se adequar às expectativas dos adultos com cérebro maduro. Deveria ser exatamente o contrário.

E a criança vai, a cada experiência colocada, aprendendo que ela é inadequada e que incomoda. E, no fundo, tudo isso acontece apenas pelo fato de ela ser um ser humano com o cérebro que não está completamente maduro e ainda está se desenvolvendo. Um cenário claramente injusto para nossas crianças.

Por isso, o acolhimento é tão potente na construção dessa relação. Por meio dele, comunicamos à nossa criança que ela tem o apego garantido seja qual for o sentimento que ela precise expressar, colocar para fora. Ela entende que não sofrerá consequências por parte dos adultos cuidadores por demonstrar o que sente.

Inteligência emocional vem de um acolhimento constante

Hoje em dia é muito comum falarmos em inteligência emocional ou então em gerenciamento emocional. Há diversos cursos, projetos escolares e também livros publicados sobre esse tipo de conteúdo, o que são, sim, opções válidas para absorver tal conhecimento, mas que, na verdade, devem ser vistas como um material de apoio para o que já é construído na relação existente entre o adulto cuidador e a criança. Sob essa perspectiva, o maior aprendizado sempre acontecerá na interação orgânica entre esses dois pilares, porque o aprendizado não vem de fora para dentro e, sim, de dentro para fora.

Desde que o bebê nasce, ele expressa seus incômodos, tais como fome, sono, dores, necessidade de colo. Para o bebê, ainda não é óbvio que o estômago apertando é sinal de que ele está com fome. O bebê ainda precisa construir essas associações. Imagine sentir desconfortos físicos a cada duas ou três horas e não saber exatamente o porquê, tampouco o que fazer a respeito, como comunicar o desconforto e ainda não poder cuidar desse desconforto por conta própria. Essa sensação deve ser muito assustadora. Só nos resta tentar imaginar o que um recém-nascido deve sentir diante desses novos e constantes desconfortos, depois de sair do útero, aquele ambiente quentinho, seguro, onde a alimentação é constante.

O corpo do bebê libera hormônios do estresse, e o choro dele é justamente uma forma de comunicar aos seus cuidadores que há algo desregulado em seu corpo (como a fome) e que, por essa razão, precisa ser olhado e cuidado para voltar à homeostase, ao equilíbrio. É nessa responsividade dos adultos que acontece o aprendizado do gerenciamento emocional.

Quando os adultos cuidadores atendem às necessidades do bebê (ou das crianças) de forma consistente, ele começa a associar aos poucos que logo depois do desconforto vem o acolhimento e o bem-estar. Conforme o bebê cresce e os adultos continuam a investir nesse movimento de acolher o desconforto, promovendo bem-estar, a criança vai internalizando esse processo e tornando-o seu também, até chegar ao ponto de conseguir fazer isso por si só.

Isso não é algo que acontece em meses ou em alguns anos, é um processo que pode levar a infância toda. Quando esse movimento não ocorre, crescemos sem saber como lidar com nossos próprios sentimentos, ao experienciarmos desconforto quando sentimos vergonha, tristeza ou raiva. Por quê? Porque não fomos permitidos expressar esses sentimentos e porque não houve o acompanhamento corregulador de adultos cuidadores que sempre, ou na maioria das vezes, promoviam o bem-estar.

Por mais que livros e projetos escolares sobre inteligência emocional sejam lúdicos e interessantes, precisamos levar em consideração que o aprendizado do gerenciamento das emoções se dá na interação da criança com seus adultos cuidadores e na frequência e consistência da responsividade desses adultos às necessidades expressas da criança.

Pessoalmente, o processo que vivenciei ao aprender a acolher foi bastante tortuoso. Quando minhas crianças manifestavam birras e choros, eu tinha dificuldade em não levar para o lado pessoal. Sentia que essas manifestações eram como termômetros do meu maternar. Se choravam, significava que eu não estava conseguindo manter meus filhos felizes.

Esse julgamento que tinha, resultado da minha própria vivência, acabava embaçando minha compreensão sobre minhas crianças. Com o tempo, aprendi a desapegar do meu julgamento e comecei a olhar para a real necessidade das minhas crianças. Quanto mais eu as conhecia, melhor eu conseguia interpretar qual era a verdadeira necessidade por trás das manifestações emocionais que elas apresentavam e, então, acolhê-las.

O QUE É VIOLÊNCIA?

"Crianças nunca devem se esforçar por nosso amor, elas devem descansar nele."
Gordon Neufeld

No senso comum, a violência é categorizada como o ato de machucar alguém fisicamente. Existe um consenso de que machucar emocional e psicologicamente outro ser humano também se configura como um ato de violência.

Segundo a Organização Mundial da Saúde (OMS), violência é o uso de força física ou poder, em ameaça ou na prática, contra si próprio, outra pessoa ou um grupo ou comunidade que resulte ou possa resultar em sofrimento, morte, dano psicológico, desenvolvimento prejudicado ou privação. Essa definição abre um leque de possíveis violências que talvez nunca tenhamos percebido antes. Violências veladas e até invisíveis, das quais quase não temos consciência.

Um estudo realizado em 1995 pelo médico especialista Vincent Felitti e seus colaboradores, na Califórnia (EUA), sobre *Adverse Childhood Experiences* (ACEs), que aborda situações adversas durante a infância, trouxe muito esclarecimento sobre o que são contextos violentos contra e para as crianças. São situações que podem gerar estresse tóxico, especialmente quando uma criança passa por essas adversidades sem receber amparo emocional adequado de seus adultos cuidadores. No total, são dez situações categorizadas como adversas, divididas em três contextos:

Abusos	• Abuso físico; • Abuso emocional; • Abuso sexual;
Negligência	• Negligência física (descuidos contínuos com a saúde, higiene, segurança e alimentação); • Negligência emocional (descuidos contínuos com as emoções da criança);

Disfunções familiares	• Doenças mentais em um dos adultos cuidadores; • Pai ou mãe encarcerados; • Mãe tratada com violência; • Abuso de substâncias; • Divórcio (nesse caso, vale ressaltar que não é o divórcio em si que gera estresse tóxico, mas os desentendimentos que se desenrolam em consequência de uma separação conflituosa).

Os ACEs provocam estresse tóxico, o que influencia diretamente na saúde mental e física de uma pessoa.

Quando alguém está sujeito a mais de quatro ACEs durante a infância, a probabilidade de essa pessoa passar a abusar de substâncias que causam dependência aumenta em onze vezes, a de contrair uma doença pulmonar e de fumar pode aumentar em três vezes; além disso, é catorze vezes maior a probabilidade de cometer suicídio e também

4,5 vezes maior a possibilidade de desenvolver depressão.

Outro dado alarmante: pessoas que crescem com sujeitos à influência de seis ACEs ou mais podem vir a falecer vinte anos mais cedo do que pessoas com menos ACEs.

Diante dessas informações, fica visível o quanto uma criança precisa crescer em um ambiente seguro, nutritivo, emocionalmente saudável e regado de afeto. É aqui que a educação positiva vem como fator protetivo para a criança no presente e no futuro.

Muitas dessas categorias dos ACEs são auto-explicativas e fazem sentido para a maioria das pessoas. O que a grande parte de nós não sabe, porém, é que as negligências emocionais também configuram-se como uma situação adversa na infância. Podemos até chamá-las de violência invisível.

A negligência emocional se manifesta quando desconsideramos e não acolhemos os sentimentos da criança. Se ela chora e nós não a acolhemos. Se ela manifesta raiva e nós só a repreendemos. Se ela se mostra ciumenta e nós a constrangemos. Em suma: quando constrangemos uma criança por manifestar suas emoções e não a acolhemos, nós a deixamos navegar por esses sentimentos sem apoio emocional.

O problema é que ninguém nasce sabendo como lidar com suas emoções. Essa é uma habilidade adquirida, principalmente na relação da criança com seus adultos cuidadores. Negligenciar as emoções de uma criança também é uma situação adversa na infância e uma violência contra ela. Acolher os sentimentos de uma criança, sejam eles quais forem, promove saúde.

Algumas pessoas confundem sentimento com comportamento e, por isso, acreditam que os sentimentos devam, sim, ser controlados. É claro que não conseguiremos acolher 100% dos sentimentos vividos pelas crianças. A reflexão que sempre trago sobre isso é: no geral, a criança sabe que pode chorar à vontade na presença de seus adultos cuidadores? No geral, a criança sabe que será acolhida após cometer um erro?

Se existe essa confiança-base de que o adulto cuidador a acolherá após uma situação de frustração, tristeza, raiva ou qualquer outro sentimento e contexto, essa criança crescerá com melhores chances de ter mais saúde emocional e física.

Quando começamos a enxergar melhor as camadas sutis da violência invisível, assim como a visível, fica menos turvo compreender o que é o respeito, visto que se trata do oposto desses tipos de violência.

Mesmo com essas informações, nem sempre temos certeza de que estamos ou não negligenciando emocionalmente nossas crianças. Decifrar o desrespeito e a violência é algo que vem com a prática e com a busca pela verdade do que aconteceu conosco na infância. Quanto mais atentos e conscientes estivermos e mais estudarmos sobre o desenvolvimento infantil, melhor identificaremos a violência invisível. Como a maioria das coisas, isso requer prática. Muitas vezes, o desrespeito ocorre porque temos expectativas desajustadas sobre o comportamento infantil.

AUTENTICIDADE E APEGO

"Quando vivemos criticando nossos filhos, eles não deixam de nos amar. Eles deixam de amar a si próprios."
Yvonne Laborda

Ao me aprofundar no trabalho do psicólogo e médico especialista Gabor Maté, me deparei com mais uma camada invisível da violência. Segundo ele, há duas coisas que necessitamos para crescer com saúde emocional: apego e autenticidade.

O apego é, em termos evolutivos, uma conexão fundamental para a sobrevivência da espécie humana. Sem um adulto que possa olhar e cuidar da criança, ela estará fadada à morte. Graças ao apego, a criança recebe carinho, cuidado, alimento e segurança.

A autenticidade é quem nós somos em nossa essência, também é chamado de "verdadeiro eu".

Segundo Gabor Maté e a psicóloga suíça Alice Miller, nós precisamos estar alinhados com a verdade, com o nosso verdadeiro eu para podermos obter saúde emocional. Quando não temos a liberdade de ser quem realmente somos, isso pode acarretar várias consequências emocionais e também físicas, porque o nosso corpo se rebela a essa inverdade sustentada pelo nosso falso eu.

O que ocorre com a maioria de nós é que, na infância, não tivemos a permissão de expressar nossa verdadeira essência. Quando demonstrávamos raiva, por exemplo, isso suscitava diversas reações por parte dos nossos adultos cuidadores: talvez castigos, punições ou até mesmo negligência, ignorando nossa manifestação, como se a raiva não fosse bem-vinda. E isso ocorria com qualquer manifestação emocional que desagradasse os adultos cuidadores, além de ser possível observar também em traços da personalidade da criança: se ela fosse falante "demais" ou tímida "demais", ela era constrangida por ser assim.

A criança aprende que quando ela manifesta seus sentimentos, isso traz consequências negativas e põe em risco o apego dela a seus adultos cuidadores.

E aí se inicia um dilema que não tem escapatória. Em termos evolutivos, a espécie humana evolui em tamanha intensidade graças ao apego. O apego garante que o adulto cuide da criança. E se a criança percebe que o apego está em risco, ela inconscientemente precisará fazer uma escolha pela própria sobrevivência.

Essa é uma situação perigosa, porque sem apego, há risco de vida. O que ela faz então? Ela começa a minar sua própria autenticidade para continuar garantindo o apego dos pais.

A mensagem existente por trás dessa dinâmica é: "se eu reajo de forma autêntica, sou prejudicada com o afastamento ou então com a punição do meu adulto cuidador. Para me manter segura na relação, garantindo o apego, preciso alterar minha essência".

Se essa dinâmica ocorre constantemente, dos adultos cuidadores não conseguirem acolher as manifestações emocionais da criança e de ela se sentir no perigo de perder o apego, ela tende a começar a desenvolver um "falso eu". Criamos um personagem para garantir nossa sobrevivência. E isso se configura como um caso de negligência emocional.

O problema é que o "falso eu" nos afasta da nossa essência, de quem realmente somos, e se torna um peso a ser sustentado. Peso que nosso corpo não quer aceitar carregar e somatiza essa inverdade em forma de sintomas psicológicos e físicos. Como pudemos observar no capítulo 8, a negligência emocional também é uma situação adversa na infância (ACE) e pode acarretar consequências psicológicas, emocionais e físicas para a criança no futuro.

O cerne da questão é: nossas crianças não deveriam precisar lutar para garantir o apego de seus adultos cuidadores. Ele precisa fluir gratuitamente nessa relação. O apego lhes precisa ser garantido ou elas entenderão que precisam se moldar às expectativas dos adultos para conseguir recebê-lo. Esta é, para mim, a chave para a saúde emocional das futuras gerações: crianças que cresçam com a permissão de serem quem elas são em sua essência, ou seja, que se desenvolvam sendo enxergadas, ouvidas e acolhidas.

Para isso, é necessário sair do adultismo e começar a ter expectativas alinhadas aos comportamentos das crianças, assim como abrir-se para a compreensão de que comportamentos desafiadores são, na verdade, uma forma de comunicação.

A criança precisa saber que, independentemente de como ela se manifeste, nós continuaremos amando-a.

TRAUMA

"Vamos criar filhos que não precisarão se recuperar de suas infâncias."
Pam Leo

Com bastante frequência eu recebo esta pergunta: é possível que crianças cresçam sem ter sofrido trauma algum? Eu sou otimista. Acredito que quanto mais a educação positiva vai sendo difundida e implementada nas famílias, estaremos criando uma sociedade com pessoas cada vez menos machucadas. Eu não penso, entretanto, que seja possível criar filhos sem trauma algum, mas acredito que há muito que possamos fazer para reduzir os danos. Vamos entender melhor isso neste capítulo.

Afinal, o que é trauma?

A origem da palavra vem do grego e significa ferida. Podemos ser feridos ao vivenciarmos eventos terríveis, tais como abusos ou violência física. Mas não somente em casos como esses. Crianças que não se sentem compreendidas ou ainda não se sentem amadas também se sentirão feridas.

Se um evento é ou não traumatizante para quem o vive, não é definido pela intensidade do acontecimento em si, e sim pela percepção interna da pessoa que passa pelo evento. Isso significa que o trauma não é a ferida em si, mas uma ferida que não cicatrizou.

Segundo Gabor Maté, o trauma não se instala na vida de uma pessoa por conta de um evento traumático em si que ela tenha sofrido. Ele se instala por causa do que ocorre dentro da pessoa que passa pelo evento traumático. Por exemplo, se uma criança passa por situações traumáticas e tem suporte emocional e acolhimento, a chance desse trauma, dessa ferida, não cicatrizar é reduzida consideravelmente.

Alice Miller tem uma visão similar: o trauma não ocorre por causa do evento traumático, e sim porque a pessoa é deixada por conta própria para lidar com as consequências do evento traumático. No contexto da vida de uma criança, fica claro que esta jamais teria condições emocionais para lidar com as consequências emocionais de um evento traumático sozinha.

Bessel Van der Kolk também escreve que pessoas traumatizadas raramente tinham o suporte social de que precisavam para superar o evento traumático. Não havia com quem contar, em quem se apoiar emocionalmente.

Olhando para essas três perspectivas muito parecidas sobre o trauma, percebemos uma coisa em comum: existe uma janela de possibilidade muito grande para que nós, adultos, ofereçamos o suporte necessário a uma criança que passa por uma situação traumática e possa, dessa forma, superá-la.

Não é possível evitarmos eventos traumáticos, nem mesmo situações que nós mesmos infligimos, mas o que podemos oferecer é disponibilidade emocional para acolher todos os sentimentos que surgirão por parte da criança, como consequência do momento traumático.

Por isso, é importante sempre nos lembrarmos de que todos os sentimentos são válidos, e se nos dispusermos a acolher sem julgar, a deixar que o choro flua, que a frustração surja, que a raiva se manifeste, há uma grande possibilidade de que a ferida causada pelo evento traumático possa cicatrizar adequadamente, e não permanecer como uma ferida aberta.

Trauma transgeracional

Não é que queiramos ser violentos ou adultistas com nossas crianças. Muitas vezes ainda estamos na caverna e não despertamos para o que significa (des)respeito de verdade, nem com nós mesmos nem com os outros. Por não termos sido totalmente respeitados em nossa própria infância, temos dificuldade em discernir o que é de fato a violência e o adultismo.

Alice Miller aprofunda esse tema ainda mais ao explicar que a violência contra crianças e a violência no geral é sustentada na sociedade porque as pessoas não conseguem enxergar a violência e o adultismo que vivenciaram em suas próprias infâncias, pelo fato de precisarem, consciente ou inconscientemente, manter-se fiéis aos próprios pais.

Reconhecer a violência sofrida significaria desonrar os próprios pais, e isso é algo que nós morremos de medo de fazer quando ainda nos mantemos como filhos-criança na relação com nossos pais.

Uma vez que enxergamos o que aconteceu de verdade, que percebemos a violência e o adultismo vividos na infância, não precisamos mais sustentar esses pais idealizados e podemos crescer e assumir nosso lugar de filhos-adultos. Ao assumirmos nosso lugar de filhos-adultos, não sentiremos mais a necessidade de replicar a violência e o adultismo com nossas crianças, porque também não sentiremos mais a necessidade de honrar nossos pais, replicando o que eles fizeram conosco. Não é uma acusação contra o que nossos pais fizeram conosco na infância, é uma constatação. É enxergar a verdade pelo que ela é.

QUEM CUIDA DO ADULTO?

"Eu precisei virar mãe para descobrir o tanto que eu precisava ser ouvida, vista e abraçada."
Dra. Mina

O foco deste livro é trazer à tona o quanto nossa sociedade ainda é adultista e provocar reflexões que promovam mudanças internas. O primeiro passo para mudar a relação com as crianças e os adolescentes está em os adultos mudarem suas perspectivas sobre eles. Entretanto, não é possível desconsiderar também a história do próprio adulto, assim como a sociedade.

Se os adultos cuidadores têm dificuldade em acolher suas crianças, é porque na própria infância também, provavelmente, eles não tenham sido acolhidos por seus pais. Esses pais, por sua vez, provavelmente também não foram acolhidos em suas infâncias, e assim por diante. Isso é trauma transgeracional. Somos todos frutos da pedagogia nebulosa que ainda está enraizada em nossa sociedade. Educar nossas crianças e adolescentes de forma positiva quebra este ciclo.

Lembra-se de como falamos sobre as situações adversas na infância (ACEs)? Imagino que você tenha se identificado com algumas delas. O que ocorre é que essas situações adversas também nos influenciaram em nossa infância e isso pode dificultar nosso caminho de volta para a essência humana. Não basta querer incorporar a educação positiva por intuição.

Diante disso, eis uma pergunta que recebo com frequência: é possível dar o que não recebemos? Por sermos humanos sociais, que necessitam se conectar com outros humanos, sim, é possível dar às nossas crianças a conexão que não recebemos, porque somos biologicamente programados para a conexão. A questão é que precisaremos voltar às origens, reaprendendo a falar a linguagem da conexão, do apego, do amor, do respeito.

Existem vários caminhos terapêuticos que podemos percorrer para cuidar da nossa história e, assim, reduzir os danos do trauma transgeracional nas próximas gerações. A terapia certamente é um desses caminhos.

Ter o acompanhamento de um terapeuta profissional que tenha experiência e estudo no campo da traumatologia pode ser potente e profundamente transformador.

Em casos nos quais o indivíduo sente que não consegue funcionar suficientemente bem é indicado o caminho medicamentoso. Algumas pessoas podem ter uma certa resistência ao uso de medicamentos, mas minha terapeuta me disse, certa vez, que nós temos o direito de buscar toda a ajuda necessária para nos sentirmos bem. Dê preferência a profissionais integrativos, que não vão ouvir somente os sintomas, mas que se interessarão também pela sua história e pelo que aconteceu com você. (VAN DER KOLK)

Como já descrevi ao longo do livro, somos seres sociais. E é justamente na socialização que se abre mais um caminho terapêutico para nós: pessoas ou grupos de acolhimento. Não podemos subestimar o valor terapêutico de um(a) amigo(a) que nos ouve sem julgar, que nos acolhe. Pequenas doses de acolhimento de outra pessoa podem ser curativas também. (PERRY, 2022).

Esses caminhos não excluem uns aos outros. Você pode percorrer todos ou só um. A questão é que há alternativas para cuidarmos de nós e, consequentemente, de nossas crianças.

Conclusão

Educar crianças e adolescentes de forma positiva é uma necessidade. Nós, adultos, precisamos despertar e perceber que o primeiro passo para que uma mudança real aconteça começa em nós mesmos.

O que posso dizer, já que estou trilhando esse caminho há alguns anos, é que certamente haverá dias nos quais nos sentiremos exaustos e cansados, afinal a educação positiva não é algo natural para a maioria de nós. Nesses momentos, quero que vocês se lembrem de que não estamos aqui para sermos adultos cuidadores perfeitos. Escrevam em algum lugar, salvem como tela de fundo do celular a seguinte mensagem: estamos aqui para reduzir danos.

Sim, vamos pisar na bola. Sim, vamos perder a paciência. Sim, vamos causar rupturas. Mas também haverá conserto, conexão e acolhimento. Essa mudança não ocorrerá da noite para o dia, e nem precisa.

Um passinho de cada vez. Um dia de cada vez, a gente chega lá.

Com amor,
Maya

Bibliografia

FELITTI, VJ et al.,. *American Journal of Preventive Medicine, 1998: Relationship of Childhood Abuse and Household Dysfunction to Many of the Leading Causes of Death in Adults.* American Journal of Preventive Medicine, 1998.

KOLK, Bessel Van der Kolk. *O corpo guarda marcas*: cérebro, mente e corpo na cura do trauma. Rio de Janeiro: Sextante, 2020.

MACLEAN, Paul. The triune brain in evolution: Role in Paleocerebral Functions. Berlin: Springer, 1990. MacLean (1990).

MATÉ, Gabor. *When the body says no*: The cost of hidden stress. Toronto: Vintage Canada, 2003.

MILLER, Alice. *A revolta do corpo*. São Paulo: Martins Fontes, 2011.

MILLER, Alice. *O drama da criança bem-dotada*: como os pais podem formar (e deformar) a vida emocional dos filhos. São Paulo: Summus Editorial, 1986.

PLATÃO. *A República*. São Paulo: Lafonte, 2017.

RUTSCHKY, Katharina (Hrsg.). *Schwarze Pädagogik: Quellen zur Naturgeschichte der bürgerlichen Erziehung*. Berlin: Ullstein, Berlin 1977.

Primeira edição (setembro/2022) • Décima reimpressão
Papel de miolo Lux Cream 60g
Tipografia Roboto e Futura
Gráfica Santa Marta